U0023953

什麼是 選舉 ?

作者：HELLO BONNIE 國際親子台

 ×

― 序 ―

上大學時，誤打誤撞走入了政政系。一讀就是五年，從一個對這科一竅不通的本科生，
到一名濫竽充數教本科生的小助教，當時只覺人生如戲。

七年前，生下孩子後，又重新走進校園，讀了家庭教育課。當時沒有想過，
這跟我人生的上半場有什麼關係。

再次畢業後，一年間，竟看到熟識的社會變得陌生，基本的是非黑白與普世價值，居然一一改變。

只可以說，我跟大家一樣，是一位對這時代看不過眼的家長。

於是，我找回當年的筆記，很認真的問自己，今日的我，會如何教孩子？

再看Equipo Plantel 在西班牙出版的《明日之書》，說《什麼是民主》，
談選舉與資訊流通的重要，社會需要第四權監察；看《這就是獨裁者》，
悲獨裁者容不下異見的聲音，要剪除不順耳的新聞；
讀《關於社會階級》，痛的是扭曲的權利與義務，
每個人本來都擁有同樣的權利，但在位者卻想要差別對待。
「明日之書」寫在西班牙剛結束獨裁政權之時，作者希望為新生代帶來希望。

今日，香港人再看民主、自由與公義，你希望孩子看到的是什麼？

不肯定這裡盛載著多少你的心聲，只想與大家一同珍惜與孩子共讀的機會。

我們曾經失去的每一點滴，就在打開繪本時，好好帶孩子翱翔天地，
在浩瀚的書海世界中，找回重要的價值。

感謝在這路上遇見的你，無論這刻你身在何方。

熱情推薦 ♡

我過去30多年經營童裝公司,在店舖見過好多小朋友。
而過去三年,我以商人身分站出來支持香港民主運動,
入嚟店舖買嘢嘅香港人就理所當然係同一理念。
我特別留意到佢哋帶入嚟嘅小朋友係滿面笑容。
小朋友喺年幼時被灌輸正確嘅價值觀係非常重要。

我同Bonnie認識咗三年,非常欣賞佢一路以來堅持小朋友年幼時就要開始灌輸正確普世價值觀。
我決定我下半世人一定要支持Bonnie呢一類創作人!

———— 周小龍
Chickeeduck 創辦人

如果可以的話,我真的希望小朋友,只看雪姑七友和ELSA公主的冒險故事,我希望他們接觸的最大煩惱,
只是到底吃巧克力雪糕還是士多啤梨蛋糕比較好;我希望他們認知的壞人只是壞心腸的皇后,
或者吃小紅帽的大灰狼;我最希望就是每一個故事都有完美的結局,每一天都是被小鳥叫醒的美好早晨。

可惜世界再無童話,兒童再沒有豁免的特權,那些本來只屬於成年人世界的政治,步步進逼,三隻小豬無
處可逃。

既然不能逃,就只能睜開眼,認識這個世界。小朋友不需要做甚麼驚天動地偉大的壯舉,只需要透過繪本,
透過一頁頁的故事,告訴他們,甚麼是「常識」。

常識就是,原來公平的選舉是這樣進行的
常識就是,原來投票權應該是平等享有的
常識就是,原來人民有權發出不同聲音的
常識就是,原來現實世界是不符合常識的……

或許,這部繪本仍然是一部童話,在描繪美好世界的正常運作,那裏會有人聽你的說話、尊重你的意見、保
護你的權利;小朋友看完如果對真實世界有點失望,不要緊要的,就像一代一代的母親都會鼓勵自己的孩
子:總有一天你會遇到白馬王子,總有一天,你會過上幸福快樂的生活。

———— 曾志豪
傳媒人
前香港電台節目主持

熱情推薦 ♡

Bonnie讀政政系，做助教。她說當了媽媽後再進修親子教育，細想，跟我自己走過的路何其想似。
正如Bonnie說，當時只知自己選擇過不同的路，投入生命設下不同的角色。不過，原來兩者是有關連的。
一個關心政治的女子，明白政治是眾人之事，就會不甘於自掃門前雪。
明白政治是生活的一部份，無論在哪裏，她都想教導孩子從小明白政情和生活的關係，
不甘於孩子學業進步，對鄰舍卻步。
一同看過大小的選舉、聽過無數漂亮的民主口號，做母親的就想跟孩子一同探究選舉、民主背後，
有何目的和意義，需要哪些條件？土壤？
Bonnie的繪本，正好教家長點一盞燈，讓孩子日後能明辨民主的真偽，管治的好壞，做個更好的公民。

——— 莫宜端

資深新聞從業員
言語治療師

· ·

坊間對民主制度的評論，很容易會把民主簡化為選舉，而選舉就只不過是投票。
現實上，不是所有的投票都可稱為民主選舉，世上假裝民主的選舉數之不盡。

讓小孩子認識民主選舉的目的和意義，以及民主選舉所需的具體條件，可以協助他們日後面對選舉時
能明辨真假。

——— 梁啟智

時事評論員

· ·

目 錄

5 這是選舉時的競選活動之一，
召集支持者為參選人站台，
以示聲勢。

競選活動包括：

選舉時還有很多
競選活動的……

選舉論壇

那什麼是
選舉？

既然你們都選她,她就當選了!

剛才我們就做了一個微型選舉。

＊凍蒜為「當選」的台語發音。

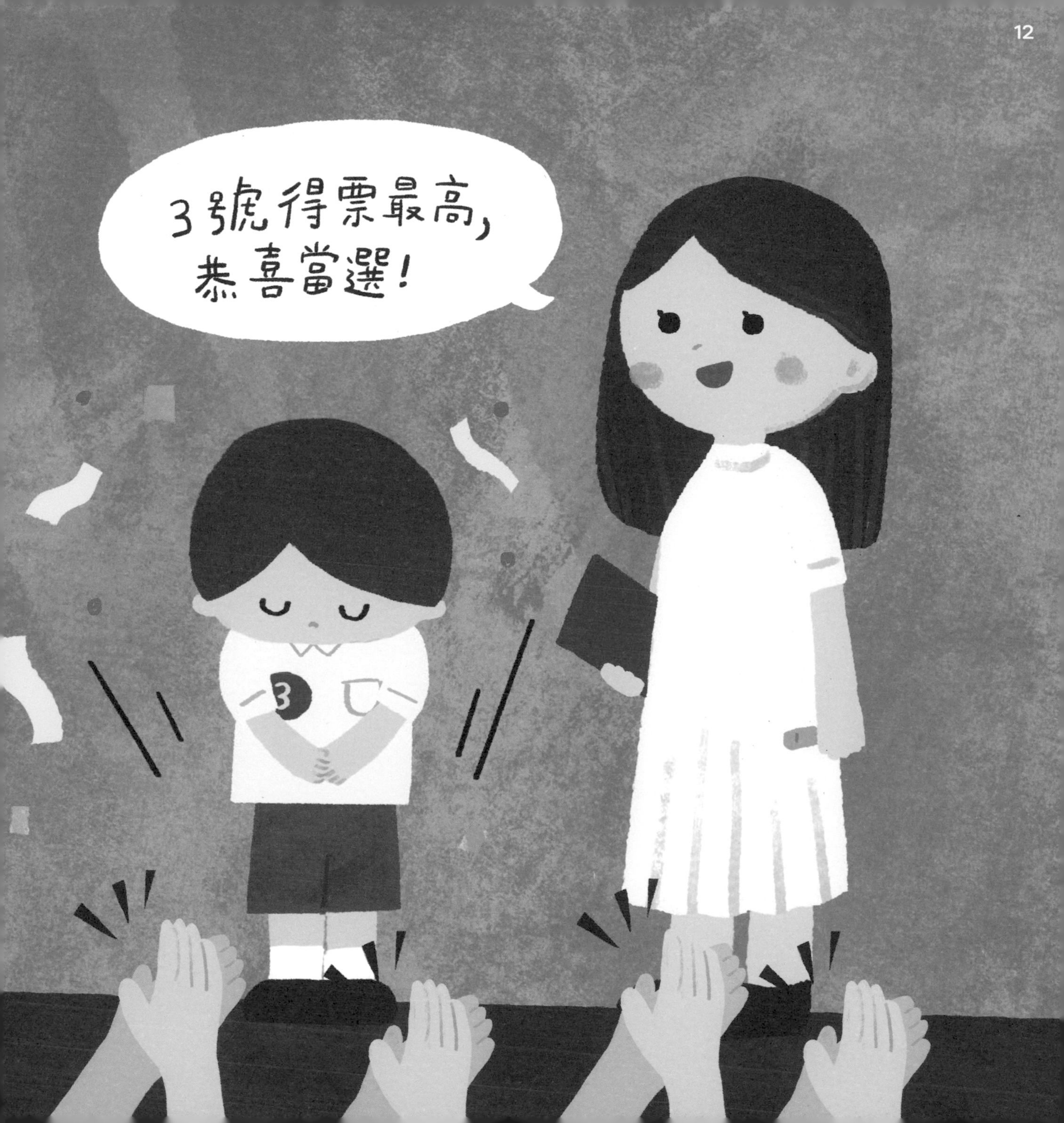
3號得票最高，
恭喜當選！

民主選舉的基本原則

① 公平、公正、公開的選舉

選舉定期舉行，如四年一次

媒體要公平報導每位候選人

任何人都可以自由參選

政綱

候選人可以讓選民知道自己的政見和立場

選民可以自由參加候選人的活動，並討論政見

②拒絕不公平的選舉

買票

（賄賂）

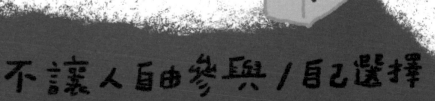

不讓人自由參與/自己選擇

③選舉結果

向所有人公布，投票、開票過程都是公開的

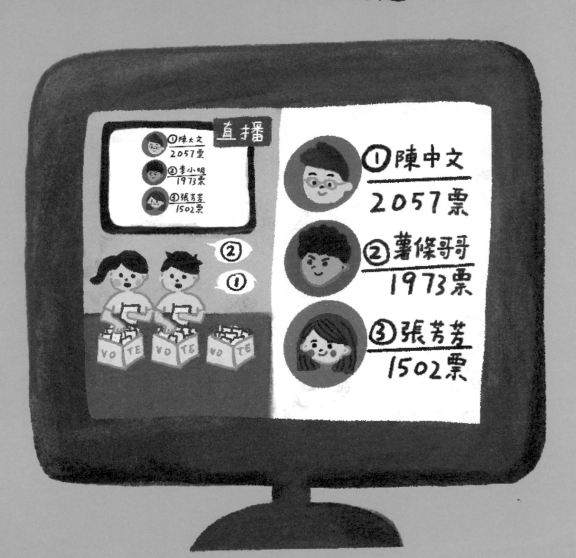

④ 平等及不記名的選舉

只要符合法定
規定歲數,
就可以投票。

大家都享有同等的
投票權,每人的一票
價值也是相同的。

選票不記名,別人不會知道你投給誰。
大家可以在不受脅逼的情況下自由選擇

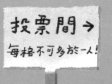

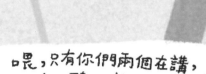

選舉不代表喜歡的人一定可以當選。

但任期過後就可以再選。

2021·6·26
薯條哥哥勝選!
陳中文
一票落敗

自由之報

民主不能保證每次也選出我們心目中的人,但至少我們的聲音被重視。

2025·3·2
陳中文再戰選舉

誠報
上屆高票落敗
今屆再接再厲

政府改朝換代

民主選舉下,即使總統改變,社會依然穩定。

主要官員順利過渡

什麼是民主？

DEMOCRACY

DEMOS + KRATOS

（希臘文）

人民
people

力量
power

power of the people!
人民的力量

如何讓我們的聲音被聽見？

民主制

古希臘雅典

美國

直接民主制 古希臘雅典 每個公民可就每個制度直接投票。

代議民主制 美國 公民選出議員擔任他們的代表，對政策和制度進行討論。

選舉制度

哪個較民主?
哪個較公平?

① 多數決

① 號候選人 ✓ ✓ ✓ ✓ ✓ → 勝出!

② 號候選人 ✓ ✓ ✓

③ 號候選人 ✓

得票最高者
取下該席

② 比例代表制 (以下例子為最大餘額法)

如: 有100人投票 ✓
而議席數目只有10個 → 10票1個議席

ROUND1

 綠黨

得到63票
↓
6個議席

 黃黨

得到32票
↓
3個議席

 紅黨

得到4票
↓
0個議席

ROUND 2

還剩1個議席

● 餘下 63-60=3票
● 餘下 32-30=2票
　餘下 4票

紅黨 將取下最後一

你也可以來一場選舉！

下一本書的主角，讓大家可以選擇。

1 周小兔　**2** 黃松鼠　**3** 陳小狗　**4** 寄居蟹

1 周小兔

前途一片光明！

2 黃松鼠

森林黨候選人

松果博士

新一代的希望！

forest

放心交給我，我是你最好的朋友！

3 陳小狗

獨立候選人

4 寄居蟹

踏出勇敢的一步
尋找更廣闊的世界

← 此路往票站
松果博士
2
唯一希望
2
請投我一票!
3
陳小狗
獨立候選人
貓仔、斑馬、雀仔、老虎、大笨象、河馬
全力支持!
最忠誠的朋友，令你安心的候選人
今日只投 3 號!
今天全投
寄居蟹
2
1 周小兔
信心的一票!
4

如何讓兒童的聲音被聽見?

兒童新聞 (荷蘭)

KID'S NEWS

使用簡單語言,
讓小朋友明白社會議題。

兒童議會 (蘇格蘭)

讓兒童就有關兒童
的事宜發聲。

兒童市長選舉 (台灣)

市長

讓學生實際
參與公民活動,
同時推動兒童
權益。

民主學校
(美國·以色列·日本·德國…)

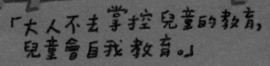

DEMOCRATIC
SCHOOL

「大人不去掌控兒童的教育,
兒童會自我教育。」

你希望自己的聲音如何被聽見？

我心目中的理想社區...

食肆林立

有遊樂場

有花園

有圖書館

什麼
是選舉？

工作
紙

掃瞄 QR Code，
下載工作紙亦可！

① 小朋友，您好！
看完《什麼是選舉》後，你喜歡嗎？（請在適當的表情填上顏色）

很想再看一次　　　　很好看　　　　　不肯定　　　　　不喜歡

② 是否對「選舉」的認識加深了？
您想透過「選舉」來爭取屬於你的權益嗎？不如一同來試試看吧！

本年度學生會會長選舉要開始了，
以下哪些才是「民主制度」的正確行為呢？

做得對的，請在空格內填上「✓」，
做得不對的，請填上「✗」。

只有在投票當日穿著藍色外套
的同學才能投票

小明請同學吃動物餅，
要求同學選他做學生會會長

老師在投票結束後透過校園電視
台公開地展示投票結果

將選票投進投票箱前，
需要寫上自己的名字

③ 您能寫出什麼是「民主」嗎？（請在紙上寫上正確答案）

小提示：書中可以找到答案呢！

P............... + P..............

= P............ of the P............

④ 如何讓我們的聲音被聽見？

最近，你與父母發現家的附近有一塊空置的用地。

想像一下，
假如這塊空地，
能建造一些大家喜愛的設施，
該有多好？

如果這裡有一座音樂噴水池，不是每天都能來散步、玩耍嗎？

假若這裡有一座大型圖書館，就可以常來看書，過一個充實的下午了！

或者，這裡建立休憩游泳池的話，爸爸、媽媽空閒時便會帶我來玩水，多涼快呢。

小朋友，在公園、圖書館和游泳池之間，您最想這塊空地的用途是什麼？為什麼？

 ◯ 公園

 ◯ 圖書館

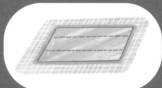 ◯ 游泳池

原因：

原因：

原因：

⑤ 您的決定眞優秀！

若你希望夢想成眞，
請您從以下選一個方法來把這夢想實現。（請圈出選擇）

① 直接聯絡市長　　　**②** 借助媒體及輿論發聲　　　**③** 在學校宣傳爭取支持

我們一同來看看不同選擇，將會得到什麼回應呢？

選擇 **①**

直接聯絡市長

市長高興地和你談天，他說：
「我會盡力協助活化空地。」

但是，市議員說：
「但同時也必須考慮到居住附近市民的意見」

市長看起來很苦惱，他請你考慮：
投票的方式要怎麼選擇呢？是要

❶ 直接民主一 全民公投？

❷ 代議政制一 由現任議員代表投票？

這時候,你會怎樣建議,有什麼理由?

❶ 直接民主

市長聽從你的提議,決定全民公投!最後,小朋友的意願強烈,投票率極高,公園大比數勝出。政府公布,空地將會建設一座全世界最合適兒童公園!

❷ 代議政制

市長聽從你的提議,決定由現任市議員代為投票。由於市議員許多都是父母,他們認為圖書館有助小孩學習,圖書館因而高票勝出。政府公布,空地將會建設一座設備精良、藏書豐富的圖書館!

選擇 ❷

借助媒體
及輿論發聲

你連繫了地區報刊,
記者訪問了你對「活化」空地的想法,
這篇報導引來許多市民的支持。

記者問你:你有進一步的提議嗎?
你會考慮誰的想法而作出什麼提議?是要

❶ 直接民主— 在網站上全民公投空地用途?

❷ 代議政制— 採訪不同的議員代表,
反映他們的意願?

這時候，你會怎樣建議，有什麼理由？

❶ 直接民主

網路的投票顯示，公園和圖書館的票數極為相近。市長得知這次的投票，決定在這塊空地上，建造小型公園及圖書館，各佔一半空間，滿足了大家的期望。

❷ 代議政制

市議員考量市民身體健康，大多意見傾向游泳池。市長經由報導得知，決定活化空地，改建為游泳池，讓市民有更多運動的機會。

選擇 ❸

在學校宣傳
爭取支持

你在學校宣傳活化空地的想法，
引來許多同學的支持。

老師也很認同你的想法，她提議你可以用

❶ 直接民主—先在全校舉行公投？

❷ 代議政制—讓各班自行討論，
協商他們的意願？

這時候，你會怎樣決定，為什麼呢？

❶ 直接民主

你在禮堂上，宣傳了自己對活化空地的看法，大家都深受影響，紛紛投票支持你的方案！

❷ 代議政制

各班選出的方案，統計出來，並非你原本鼓吹的方案。你雖然失望，但知道這是民主協商的過程，亦支持最後的結果。

記者採訪你們學校的民主選舉，市長閱報後得知，認為這是讓兒童學習、參與民主的絕妙活動，因此，市長決定舉辦第一屆兒少議會，而活化空地則為第一個表決的議案。

你作為學校代表，成為了議員之一，並用討論、投票的方式，促成了活化空地的議案。

結果是否如你所願，夢想成真呢？你知道，這並不重要，重要的是，你實際參加民主選舉的過程，知道經過理性討論、投票，可以成就一件有益大眾的好事。

這種快樂與滿足，我們永遠都會珍惜！

37

❻ 你喜歡故事中的「民主選舉」嗎？

他/她的政綱是什麼？

你又會支持哪一位? 為什麼?

(請圈出你的答案並寫在空格內)

1 周小兔　　**2** 黃松鼠　　**3** 陳小狗　　**4** 寄居蟹

我會選

他/她的
政綱是

我支持他
是因為

小朋友，
恭喜你！

你已經進行了一系列「選舉」活動！
請於民主神像上畫上你的樣子，
並寫上姓名！

童心看世界系列 - 什麼是選舉？

作者｜HELLO BONNIE 國際親子台
編輯｜HELLO BONNIE 國際親子台
繪圖及排版｜Jo

出版｜希望製造有限公司
地址｜臺北市松山區民生東路三段130巷5弄22號二樓
電話｜02-2546 5557
合作出版｜釀出版
印製發行｜秀威資訊科技股份有限公司
總 經 銷｜聯合發行
出版日期｜ 2022 年8月
版次｜第一版
ISBN 978-626-96009-2-2
定價｜380元

童心看世界系列

什麼是選舉？
童心看世界

童心看世界 什麼是自由
免於恐懼
作者：HELLO BONNIE 國際親子台

童心看世界 什麼是公義？
作者：HELLO BONNIE 國際親子台

跟孩子談民主、公義與自由！

全新繪本
適合3-6歲